왜 그토록 수달을 찾아 헤맸을까?

박서현 시집

시인의 말

되새김으로

나를 키우는 추억

어디로 가는지

언제까지 머물 것인지

기로에 서서

만나는 에피소드

차례

3 시인의 말

I 다시 봄

10 다시 봄
11 제비꽃
12 산수유 꽃망울 터지듯
13 라일락 향기
14 목련
16 아침을 위한 낭송
18 봄, 봄
20 보문사의 봄
22 화살나무
24 마음의 활
26 나를 설레게 하는 연두

Ⅱ 방울토마토 사랑

28 햇무리

29 능소화

30 부석사에서

32 차경(借景)

33 대서 무렵

34 치악산 몸부림

36 더 이상 시들어가지 않도록

38 바람

40 막국수

42 하얀 춤

43 고마리

44 장마

45 나에게

46 산을 오르며

48 잠 못 드는 밤

50 오디의 밤

52 방울토마토 사랑

54 느린 잠을 타고

Ⅲ 지나간 비는 기억하지 않는다

56 오늘은 어디로 가는가?
58 너에게 가는 시간
59 용문사의 가을
60 단풍
62 노을
63 커피 머신
64 계절의 경계엔 항상 비가 내린다
66 자책
67 기도
68 우리 집 감나무
70 저녁이 좋아
71 건조
72 줄음질
73 사포질
74 남편
76 지나간 비는 기억하지 않는다

IV 기억의 선명도

- 78 I won't give up
- 80 '석일공예 목공소'에서
- 82 겨울 마중
- 84 미리보기
- 85 웃는다 찰칵!
- 86 시인을 위한 시
- 88 기억의 선명도
- 89 목디스크
- 90 노안
- 92 겨울 판화
- 94 손길
- 95 폭설
- 96 겨울, 이포보에서
- 98 왜 그토록 수달을 찾아 헤맸을까?

V 일상의 기적

102 과거를 사랑하는 힘
103 유심
104 절단
105 안동산불
106 골목 모퉁이
107 담쟁이
108 다시 출산
110 빨강 여름 같은 여자
111 생각이 깊어져서
112 일상의 기적

해설_최연수(평론가)
116 시와 일상의 미적 조화

I

다시 봄

벚꽃잎 눈처럼 내려
마음이 그 겨울 한복판에 서니
모든 장면은 수묵화처럼 한 폭에 들어가고
지나가던 물오리
짧은 목으로 뒤를 돌아보는 이 순간,
이 순간이 멋겠다

다시 봄

티벳에서처럼
차마고도에 이르기 위해 두 손 모아 땅에 낮게 절하고
생각과 몸과 말을 부처님께 바쳐서 다시 태어날 수만 있다면

나는 둔치,
이 꽃무더기 아래 납작 엎드려 순례의 길에 들겠다

벚꽃잎 눈처럼 내려
마음이 그 겨울 한복판에 서니
모든 장면은 수묵화처럼 한 폭에 들어가고
지나가던 물오리
짧은 목으로 뒤를 돌아보는 이 순간,
이 순간이 멎겠다

한 줄기 햇살의 장난
다시 봄

제비꽃

쿵쿵, 공원을 산책하는 강아지가
제비꽃 앞에서 한 줌의 추억을 발견하고는 쿵쿵

건드리지 마. 그건 몽글거리는 내 유년
봄 햇살에 펼쳐 보는 하얀 씨앗 같은 이야기
꽃반지 만들어 주시던 아버지 따라
콩알콩알 논둑길에 좋아 뛰는 아이

툇마루에서 누렁소와 졸음을 당기노라면
지게에 한 짐 노을을 지시고 들어서는 아버지
반복되는 영상처럼
걸어오시다 저만치, 걸어오시다 다시 저만치

애야 애야,
 웃는 하얀 이가 꼭 흰 밥풀을 톡톡 붙여놓은 것 같구나 허허
 제비꽃 눈 맞춤 하다 아버지 목소리에 퍼뜩,
 제비꽃 꽃대처럼 목이 가늘어져
 두리번
 두 리 번

산수유 꽃망울 터지듯

너는 뜨거운 인사
보드라운 미소
지천에 울리는 함성이야

개천,
묶음을 지우고 콰리괄괄 제 언어로 흐르고
하늘,
하얀 저고리 입고 두리둥실 어깨춤 추면
소나무,
검은 비듬을 털고
초록 윤나게 햇살을 고르는 때

한 결의 마음에서 수십 개의 미소로
온 누리에 방긋방긋 노란 웃음 지피는
산수유, 꽃망울 터지듯
오늘
나는 너이고 싶다

라일락 향기

그 길을 걸을 때면
향기가 마중 오네

옛 추억 어디 있나
그리움 술래 되면

화들짝!
나를 찾아 반기는
그대 고운 라일락

목련

어떻게 한꺼번에 피어날 수가 있어
자고 일어났더니 간밤의 꿈들이 몽우리로 맺혀
일제히 입술을 열었어
어이없게 곱디고운 꿈이었다고
하하하하
피어나 웃고 있었지

밤을 밝히던 촛불 꽃
꿈이여 이루어져라 환하게 기도하다가
일순간 떨어지는 소명
너는
어떻게 단숨에 길을 정할 수가 있어
켜켜이 꽃잎 떠받치던 그 꽃 모가지
잃어버린 꽃잎 그리며
또 어찌 그리 소리 없이 울 수가 있어

잎들도 기다렸다는 듯 와르르 자라나 항거하다가
하나 둘 오래도록 떨어져 내렸지
떨어진 꿈들이
검게 검게 그을려 숙제처럼 쌓여갔어
나는 고개를 숙인 채
며칠이고 비질을 해야 했고
지나간 겨울이 오한처럼 찾아와
떨어진 꽃, 손에 가득 담아
꽃명을 하는 것이야
또 오겠지 봄, 다시 오겠지 꿈

아침을 위한 낭송

출근길
쌍다리 위를 지나는데
강변의 새 떼들 모여서
분주하게 하늘로 무엇을 나르고 있다

바람이 머무는 깃털의 표정은 보드랍고
바람의 세기만큼 마음은 기울어져 있다

하늘,
여기 무언가 내려주시려면
도로 옆 수양버들 가지 연둣빛 달아주오
땅은 흐멀흐멀 저 홀로 몸을 풀고 있으니
그 속 뜨겁게 채워 줄 햇살을 내려주오
냉이가 강둑에 얼굴 쏘옥 내밀고
한껏 멋 부리고 싶으니
오늘은 뿌연 분가루를 뿌려주오

지상의 소원을 들고
새 떼들 창창 하늘로 날아오르면
클래식 버전의
보슬거리는 봄비
시원하게 아침기도의 답이 내린다
새들도 마음도
젖는다
이제 봄이다

봄, 봄

"힘내
봄이야
사랑해"

새 향기가 마음에 들어오면
지난해 봄 향기는 어디로 가는 걸까?

사람이 맞이한 봄을 다 기억한다면
아마도 머릿속은 온통 봄날의 꽃밭일 터,
마음은 목련꽃처럼 하얗게 부풀어 피다
화들짝 고개 떨굴 일이지
사계절을 온전히 함께 보낸 것처럼
다시 봄은 건너지 않고 왔으니
지난봄은 더 이상 봄이 아니고 추억이란다
봄은 다시 와야 봄이야

나의 봄이,
출렁이는 물빛 추억
감은 눈 안에서 일렁일렁
햇살 따라
범람하고 있다

오는 봄을 쳐다보며
갈 곳을 잃어버린
나의 봄, 봄

보문사의 봄

꽃 담은 봄날에 우리
이별은 하지 말아요
내 사랑
어린 연초록이나
봄 햇살에 녹지 않고
어설픈 외로움에도 뽑히지 않을 테니
오르는 계단마다
달라지는 풍경을 등에 지고
마애불 앞에서 우리
한결같은 마음이기를

내 추위는 아궁이 속 시커멓게 살아가다
윤장대 돌아돌아
연두야!
반기는 날에
세상 이치 섭렵할 터이니

춘기에 달아오른 바다 앞에서
더는 다가가지도 멀어지지도 않을 테니
당신 이름 바람처럼 부르면
스치는 순간에 당신은
아무 말 없이
햇살처럼만, 마애불처럼만
나를 바라보소서

화살나무

서리 내리는 공원에 날마다 서 있었어
온몸으로 물을 마시고 있더랬어 두어 달.
아무도 모르게 속부터 적셔대며 날개를 비틀어대더니
결국 초록 혈관을 만들더라구

이거였어
개나리 목련 벚꽃이 다 피도록
젖을 모으는 어미처럼 기다린 것은
황록색 작은 꽃을 피우기 위해
조금 늦더라도

꽃이삭, 잎겨드랑이에서 살을 뚫고 나오며
몸이 얼마나 끙끙대는지는 누가 또 알아주겠어
누가 신경이나 쓰겠어
가을 열매와 잎이 빨갛게 익을 때에야
참으로 요상하게 이쁘다 던져지는 눈길들.

아무렇지도 않아
그렇게 그렇게
사는 거지
조금 늦게까지 버티어내는 거지
화살나무

마음의 활

선상 위에 바람이
활줄을 깨운다
느슨해진 마음 줄도 깨우지

바닷물을 담은 몇 잔에
휘어적 휘어적 뱃머리도 취하고
속내들, 남도의 동백 꽃잎처럼 물들고

한산정 활터 오솔길
표적도 나를 보고
수루도 나를 보고
전장의 님도 나를 보니
나도 나를 보고

가슴이 활 모양인 것은
내 안에 무엇을 팽팽히 당겨서 쏘아 올리라는
신의 피조물이 아니었을까

재어본다 우리 사이를
조준한다 경로 없는 과녁을
활줄을 당긴다 바람, 햇살, 기억, 사람
무엇이 걸림돌이랴
찾아오는 이에게
수십, 수백 번 펼쳐지는 한산도 전장에서
쏠 때마다 줄의 탄력
눈빛처럼 날아가서 꽂힐 일

우리 앞에 바다가 있기에
접전, 서로에게 승리의 활터인 것을

매일의 나에게 나는
시위를 걸어 놓은 활

나를 설레게 하는 연두

겨우내
수분 잃는 잔디들
강변에 누워있을 때
말없이 물가를 향해
제일 먼저 가지를 일으키는 버드나무

여들여들 연두 살빛 손목을 들어 올리며
보일까말까 한 새색시 웃음
하늘거리는 춤사위와 섞이면
겨우내 얼어있던 온 우주가
사르르 어깨를 푸는 2월

꽃이 흐드러지는 봄
초록이 싱그러운 봄도 좋지만
내 마음 설레는 건
네가 봄이기 때문이 아니라
봄이고 싶어 하는 마음을 발견할 때이다

II

방울토마토 사랑

검푸른 잎의 향으로 둘러진 울타리에 주저앉아
고랑의 풀만 뽑기를 며칠
풀 없는 고랑만 만지기를 또 며칠
두루미처럼
목 길게 빼고 한 발로 버티어내더니
급기야 장마지는 날 골라 목청 높여 꺼이꺼이 울다가
몸이 그대로 휘었습니다

햇무리

연암사 유월 산길
마주한 네 눈빛 속
푸른 몸 나를 안아 반짝이는 숨결마다

간힐래
늑골의 감옥

살고 싶은 네 눈동자

능소화

세상에 아름다운 것을
빛이 난다고 말하는 것일까?
그렇다면 너는
빛나는 것 중의 하나

담장 밖에 살포시 걸쳐진
고개 숙인 붉은 마음
나는 고개를 들었지
진생에 연을 알아보듯
멈춰선 걸음
멈춰선 눈빛

와르르 쏟아지는 만남
한 아름 안고 골목길을 나왔지
네 넝쿨에 걸려 나는 종일
주홍빛 축복

부석사에서

하늘과 맞닿은 능선 옆에
몇백 년을 버틴 나무집이라니,
나무는 죽어서 풍채로 남고
하얀 살내 은은히
향기로 남았다

범종루 꿈인 듯
계단을 오르면
바람은 두 팔을 들어
내 등을 토닥이고
햇살
여기서는 느끼고, 듣고, 맡으라
눈은 정작
반만 뜨라 하네

바람아!
햇살아!
수만의 거란군을 맞아
온몸 화살을 맞은 양규 장군처럼
영겁의 시간 속
수백만의 햇살을 받고 장렬히
전사하고 싶다.
부석사 무량수전 앞에서

차경(借景)

그 건물 속은 만남이다. 계단을 올라가면 두 면이 붙은 통창
창밖 은행나무들 차르르르 인사하지

잎, 햇살을 업고 반짝이며 고개를 끄덕인다
나에게
반짝반짝 웃는다
고개 끄덕이며 웃는다

손으로 잡을 수 없어 존재로 담는 너
사람이
눈으로 보고 마음에 담을 수 있다는 것은
얼마나 아름다운 일인가?

가지지 못하였으나 이미 내 것이 된 풍경 앞에서
기다리는 너여서, 찾아야 하는 나라는 것을
소유 없이 바라보며 알게 되었지

그 건물 속은 기억이다. 계단을 올라가면 두 면이 붙은 통창
창밖의 사계절을 펼쳐서 우리들의 시간을 엮는다

대서 무렵

무더위가 계속되는 밤
신호등에 걸려 잠시 멈춘 차 유리창에
유성이 내렸습니다

핸들만 부여잡고 달리다가
의식의 정수리에 떨어진 별,
나는 정작
사이드미러만 살피며 살았던 것은 아니었을까요

살아있음을 도로 위를 달리다 확인하고
삶의 허무를 노란 신호등처럼 만나네요
살아가는 일이 내 안의 무념의 별 하나 띄우는 것이라면
나는 오늘 태장 삼거리 위로 그 별을 띄웁니다

7월의 폭염같이 뜨겁던 날들과
가로등 빛처럼 보드랍던 이야기와
아스팔트에 살갗이 쓸리는 듯 아린 순간을
차창 밖 유성이 떨어지듯
그렇게 멀어지게 두었습니다
차창 밖 가로수 지나가듯
그렇게 흐르게 두었습니다

치악산 몸부림

녹음은 어머니 품처럼 깊어만 가고
산등성은 아버지의 등처럼 휘어만 가는 여름
길가에 나온 칡넝쿨
소나기에 한바탕 목욕을 하고
어랴디야 어랴디야 구령 맞춰 늘어섰네

구름도 숨이 차게 굽이 흐르는
메꽃 고운 산마을에
마을버스 굉음,
화들짝 튀어나온 개구리
아차! 하는 사이
앗!
몸부림을 쳐봤자
이미 버스는 지나가고
어차피 생은 아차! 아니겠는가
이를 지켜보던 정류장
널어놓은 빨래가 깜짝 놀라 펄럭펄럭 몸부림
지나가는 등산객이 덩달아 헉헉 몸부림
유일슈퍼 복술이가
아무것도 모르고 자다 가위에 눌려 허우적 몸부림

서늘한 바람이 산자락을 훑고 가도
우후후후 온 마을이 함께 몸을 움직이는
원주 치악산

더 이상 시들어가지 않도록

저녁을 차리려고
냉장고 문을 여니
"네가 좋아하는 가지며, 오이 보낸다" 엄마 목소리가 들어 있다
분명 며칠 전이었는데
왜 가지는 보랏빛 몸체를 쭈그리고
오이는 힘없는 꼭지를 비틀고 있을까?

내가 기억하는 존재는
언제나 며칠 전의 기억이고
네가 기억하는 나는
언제나 소멸이었듯
어차피 마주하는 발견은 뒤늦다

야채는 나를 기다려주지 않는다
어김없이 냉장고 문을 열었다가 다시
마트로 향하는 밥 짓는 저녁에는
나는 며칠 전이라고만 기억하는 것들을
다시 냉장고로 넣는다

더 이상 시들어가지 않도록
다시 챙겨야 하는 저녁

바람

바람 한 점 없는 삶이 어디 있을까?

옥수수 대궁만큼 뻣뻣한 고집으로
짓지 말라는 농사를 해마다 시작하는 팔순의 노모
오늘도 키 큰 옥수수 고랑 사이로 들어가신다

고랑 고랑에는
거둬들일 것 많은 여문 세월이 있다
옥수수 잎에 손등이 베이는 줄도 모르고
후덥한 열기 속에 두 팔 뻗어 끌어당기면
비로소 채워지는 하루의 무게

자루를 끌고 어머니가 나오신다
어릴 적, 옥수수를 팔아서
내 초록색 원피스를 사 들고 오시는 어머니가 나오신다
초록 원피스를 입고 뱅글뱅글 돌던 내 모습처럼
동그랗게 앉아서 나를 바라보는 저 산 위에서
바람은 초록 치맛단을 살포시 끌고 와서는
추억의 지문을 찍고 사라진다

나를 발견한 노모가
환하게 웃는다
노모의 입가에 나는
시원한 바람이 된다

막국수

서 시인이 막국수에 관한 시를 써야겠다고
몇 달을 푸념처럼 건넨 말끝에
나는 답을 전한다
차라리
내가 한번 써 보지

그가 왜 막국수에 관한 시를 써야 한다고 했는지
알 길이 없지만
막국수라면 먹던 밥 수저도 내려놓을 정도니
나도 시를 써야 할 일이라고

 소문난 ㄴ막국수 집은
 늘어진 면발을 삭둑 가위로 잘라먹던 철없던 20대와 같은 맛
 첫아이 뱃속에 넣고 다닌 ㅊ막국수 집은 이끌리는 대로 마구 먹던 쫀득한 30대 재미지는 맛
 밍밍하게 먹고 나서야 그 맛이 참 맛있다고 말하는 ㄷ막국수 집은 40대와 같은 맛
 ㄱ막국수는 주야장천 찾아가 한 그릇 호르륵 먹어 치우고

빈 그릇 속에 '천천히 먹을 걸' 말을 남기는 아쉽기만 한 50대와 같은 맛
　그리고 60대, 70대…

　서 시인,
　이제 나는 막국수 시를 쓰려 하네

　내 인생 같은 막국수
　막국수 같은 인생

하얀 춤

오월에
흥업 중학교 앞 가로수들은
이 밥 이 밥 노래하며 춤을 춘다

곱던 새색시가 일만 하다 죽어서
고봉으로 꽃밥을 차렸다는데
이제 그녀는
저리 융숭한 대접을 받고
단아한 자태로 흔들려도 좋다
환생하여
하얀 자유로 피어날 수 있다면
전생의 무게가 물거품처럼 가볍지 않겠는가?

초록 잎맥 보듬는
따사로운 햇살
손잡으며 얼굴 부비며
환생의 노래를 부르기 위해
늦은 봄바람 목청을 다듬고
우리는
흔들리지만 흩어지지 않는 자유
오월의 하얀 춤을 춘다

고마리

여름 풀숲에
어릴 적 친구 같은 낯익은 얼굴
눈길이 머물면
흘린 밥풀처럼
얼른 주워 담지도 못하고
오종총 마음만 쓰이는
서투르게 예쁜
고마리

장마

시지프스의 돌덩이
하루에도 몇 번씩 떨어졌다
최대한 울림을 잡느라
가슴 잡고 쓸어내렸다
친구는 마흔이 넘으면서부터
자신이 매우 만족스러웠다는데
나에게 마흔은
부끄러운 안면을 가릴 때나 쓰는 숫자,
세월을 가리는 창호지 우산 같은 것.
이 깊은 장마를 막아낼
다른 방도는 없다

어둠이 묻어 쏟아질 때면
시커먼 웅덩이 따라서 패였다
간혹, 선선한 바람
젖은 나를 말려주곤 했지만
나는 충분히 바삭거리지 못했다
쿵쿵
바람 불어도, 빗물 내려도
쿵쿵
하루에도 몇 번씩 속을 적시는
이 깊은 장마

나에게

이 밤은 누구를 위하여
깨어 있는 것일까?
어쩌면 내 시는
잃어버린 옥새를 찾는
왕의 상징 잃은 절실함

어느 왕국의 언어로
어느 왕국의 그리움으로
시를 쓸 수 있을까

산을 오르며

인적이 드물어 이 숲이 울창하다니
내 마음 숲엔 누가 다녀갔는지

춤추는 나무와
삐삐새의 울음 가득한 곳에서
머리 위를 지나가는 바람소리를 들을 때
나는 내게서
한 시절이 빠르게 지나가고 있음을 알았다

한 슬픔이 깔딱대며 한 고개를 오르니
다른 슬픔이 이어 후르르륵
내리막길 치달리고
마흔 나절 어디쯤에 해가 지는지
잣나무 그늘처럼 두둑해져서
다래나무 넝쿨처럼 얽혀버려서

숨이 차게 올라도
다 못 채운 이 붉은 가슴
초록 숲에 낯설게 핀
하늘말나리 같아

추억을 풀어놓은 안개비
발끝으로 걷어내며
이대로 좋아, 이대로도 좋아
되뇌고 되뇌는 가리왕산 속

잠 못 드는 밤

20대의 불안이
밤마다 게임을 한다
헤드셋에 귀를 잠그고
밖으로 입만 내놓고 외마디 탄성을 지르며 숨을 쉬는 것을 알지
지난달 상을 치른 윗집 할머니는 할아버지와 매일 밤 작별을 해서
신경 줄을 허공에 거미줄처럼 매달아 놓으실 텐데
소리를 내는 너를
소리를 들을 할머니를 생각하며
나도 잠 못 드는 것은 매한가지

아들아,
너의 불안이 어두운 공기를 헤매다 네 가슴팍에 눕는다는 걸
그 시절을 지내온 어미가 왜 모르겠니

자다가도 아들 목소리라면 벌떡 일어나는 어미는
 자다 깨다 자다 깨다 사막을 건너고 바다를 건너 네 소리를 다 찾아내는 것이야
 그렇게 너의 온 밤을 지켜내는 것이니
 쉬잇!
 오늘 조용한 밤을 보낼 수 있을까?

오디의 밤

나는 가끔 매달리고 싶어
어릴 적 논두렁 옆 오디나무 가지를 잡고
입안 가득 단맛을 따서 오물거리듯
검은빛 온몸 오디나무 가지 끝에 매달리고 싶어

들큼한 새벽 공기를 따라
풍물시장에 가면
한눈에 뽀글 퍼머 눈에 박히는 대안리 아줌마

실한 오디의 추억을 팔고 있어
촘촘한 검은 알갱이들 사이사이
그 속에 비집고 들어가 사는 알코올 같은 하루가
노상의 콘크리트 비단을 깔고 앉아있는 거지

아줌마가 잡아당겼을 오디나무 가지들이
내가 매달리고 싶은 오디나무 가지가
단숨에 들이킬 수 없는 쓰디쓴 하루가 되어
익고 또 익어서

저녁마다
까맣게 입술을 물들이는
오디의 밤

당신과 내가 서로의 얼굴을 쳐다보고
하루의 가지 끝에 대롱대롱 매달려
까르르륵
배꼽을 잡고 웃었으면 좋겠어
구겨진 시간들 잔 높이 들어
서로 같이 얼굴빛 좋게 펴졌으면 좋겠어

방울토마토 사랑

당신으로부터 멀어지기로 한 날부터
가까이한 텃밭의 모종들입니다

혼자서 숨이야 쉬겠지만,
행여 정신줄 놓을세라 지지대를 세워주었습니다
손길이 키운 것인지 시간이 키운 것인지
꽃 피어 몽글몽글 아찔하게 작은 열매가 열렸습니다
지난날이 명치끝, 저리 옹골지게 자리하였을까요?
이것도 열매일까요?
방울토마토, 음표처럼 흔들립니다
너무 아픈 사랑은 사랑이 아니었다고 흔들립니다

검푸른 잎의 향으로 둘러진 울타리에 주저앉아
고랑의 풀만 뽑기를 며칠
풀 없는 고랑만 만지기를 또 며칠
두루미처럼
목 길게 빼고 한발로 버티어내더니
급기야 장마지는 날 골라 목청 높여 꺼이꺼이 울다가
몸이 그대로 휘었습니다

단물을 잃어 붉게 터져갔고
벌써 넉 달이 지나갔습니다

느린 잠을 타고

산비탈을 타고 내려와
스멀스멀 도로까지 잠식하는 놈 말이야
가만히 두면 한여름을 빙자하여
예의도 없게 남의 영역을 잠식하는 놈이야

허용의 잣대는
크면 문제가 없지만
여기처럼 작다면 문제지

스멀스멀 졸음을 타고 다가와
어느 순간 눈을 떴을 때
머리맡까지 푸른 잎을 드리우고 서 있는 거야

느린 잠을 타고 다가오니 조심해
한여름 다 가도록 오만방자한
칡넝쿨

Ⅲ

지나간 비는
기억하지 않는다

산사에

망초꽃 무더기

이 폭우와 폭포 앞에서

작은 꽃잎 하나 흩트리지 않고

저리 꼿꼿하게 서서는

지나간 비는 너를 기억하지 않는다 한다

오늘은 어디로 가는가?

어린 시절에
자다가 눈을 떴는데
방죽 너머로 상여 나가는 소리
엄마 아부지 상갓집 가셨나
집 안에 적막이 흐른다

담장 안에 감잎 떨어지는 소리 위로
어여디어 어여디어
상여소리 쌓여가고
동네 아이들 몰려다니는 뒷모습이
깨 타작하는 들깨처럼 담장 위로 튀어 오른다

댓돌에 앉아 신발을 신는데
종아리로 기어오르는 개미.
손바닥으로 툭!
심심해,
오늘은
어디로 가는 것일까?

부스스 기지개로 일어서서
늘어진 하품을 끌고
따라나서 본다

너에게 가는 시간

어느 숲에서 오셨나요?
높은 굴참나무 꼭대기
똑! 하고
떨어졌을 도토리의 운명에
숲은 울었을까?
손을 흔들었을까?

데굴데굴 부엌까지 굴러와
어머니의 묵직한 힘에
갈아지고 끓여지고 굳어졌을 너의 역사가
내게 왔다는 것인데
그래서 만남은 극적이다

깊은 빛깔만 보아도 생을 읽을 수 있어
상추, 참나물, 오이에 버무려진
건드리기 힘든 탱글한 시간
숨을 고른다
멈춘 듯 움직여야
숲의 역사를 온전히 들어 올릴 수 있는

허기의 허방을 건너는 시간

용문사의 가을

1

지붕이 가벼워 날아가요
하늘 조각보 뜯어다 사뿐히 걸쳐 놨어요
보광명전 윤장대는 조용하고
뒤란에 모두 모여 소란소란
쫓아온 꽃살무늬
낮은 돌담 아래 쭈그려 앉아 무슨 얘기일까?
꽃잎 활짝 열어 귀 기울이고
산바람이 불어와 사르르륵 아궁이를 지피면
온기도 옹기종기

용문사의 보물은 여기 뒤란이지요

2

단풍이 단청까지 내려왔어요
단풍빛이 단청까지 이어져,
단청이 단풍이 되는 용문사

단풍

부론을 지나 날숨 같은 손곡저수지
나무 위에 앉아있는 당신을 봅니다

물들어 깊어지는 빛이 어디 단풍뿐일까요
지난겨울 눈발 섬섬히 내려
다함없는 손길에 깊어진 저수지에요

물들어 떨어지는 빛이 어디 단풍뿐일까요
시간을 앞서갈 수 있다면 지금 나무 위에 올라
당신이 보는 것을 보고 싶어요
바삐 걸어도 이 계절엔 같이 할 수 없는 여정
바라보다 바라보다 당신 빛 물들어 떨어지는 나는
아직도 지난겨울 하얀 눈발

아스라이 떨어지는 접점, 탱탱한 끌림으로
메마른 손 당신을 잡으려다
깊어진 물 가까이
낙엽처럼 내가 누워진대도
언젠가
저수지 건너 가지 끝에 당도하리니
10월의 당신은 잔가지 위로 위로
혈관처럼 톡톡, 다음 봄 싹 틔울 준비만 하세요

물들어 깊어지는 빛이,
떨어지는 빛이
어디 단풍뿐일까요

노을

하늘의 저편에서
내 심장이 터졌어요

수혈할 새도 없이 새어 버린 이 마음을

오늘도
속내 들킬까
숨어지는 외사랑

커피 머신

세상의 웃음은 헤프고 또 쓰다

저리
사랑하지도 않는 웃음
섞어 내리면
낯선 장면 앞에서
잠깐의 놀람과 정적, 그리고
추르륵 흘러내리는 안도감을 따라
둥그렇게 불쑥 들어서는 침묵

도대체 그 많은 웃음을 어디다 팔아치운 건지
줄을 서도 돌아오지 않는 순서
누구에게 소진되었다는 건지
도대체 누구에게 웃어주고 있는 거지?

이곳의 종이컵들은 왜들
뜨겁게 불안하게 웃는 건지

계절의 경계엔 항상 비가 내린다

저기,
앞산의 무릎을 지나
하얗게 달려오는 빗소리
머나먼 계절을 넘보다
화들짝 놀란 가슴이
집 안으로 빗물을 모은다

계절의 경계엔 항상 비가 내린다
봄비를 가두고
장마를 부르고
주룩주룩 모으고
드르르륵 닫아
문지방을 밟아 오는 것이다

사람도 계절과 같아서
한 사람을 보낼 때
그 경계에 비를 내려
울고 울고 운다

무엇 하나 가두지 못하고
무엇 하나 나가게 못 하는
빗장 걸은 담장 아래
부추꽃
말갛게 얼굴을 씻는다

자책

패한 역적의 얼굴처럼
나뒹구는 낙엽

밤새 차가운 입김을 돌돌 말아
여기 내 앞에 어제의 문자를 건네네

버스정류장
쏟아지는 비는
어둠을 닦지 못하고
후르륵 후르륵 바람을 타고
도로의 수챗구멍으로
쉴 새 없이 흘러 들어가는 변명

목적지로 가는 버스에 올라도
정류장에 오래도록 남아
비를 맞고 서 있는
마음

기도

절정을 달려본 갈대는 안다
이제는 무엇을 해야 하는지

마디마디 출렁이는 강물을 채우며
한여름 우리는

무성한 영토를 이루었나니
장마철 다 같이 부둥켜안고,
흔들리지만 쓰러지지 않는 뜨거운
어깨춤을 추었나니

푸르름도 죄였을까?
부딪치고 어긋난 몸짓, 꺾인 상처로
스멀스멀 물때가 찾아와
눈을 감으면 눈꺼풀처럼 무거운
둑 안에 갇히곤 했지
강물은 여전히 달려와 우리를 안아 주었지만
이제 더 깊은 곳으로 올라가야 할 때라고
빛바랜 기억을 세우며
하얗게 하얗게 두 손
모아 올리는 갈대

우리 집 감나무

삼 년이 지나자 한파에 기둥이 얼어
썩은 종이짝처럼 되었다
가망 없는 꿈, 고개를 돌렸지

기지개처럼 봄이 일어나던 담장 안
바람에 몸을 지탱하고
이쑤시개 같은 가지를 뻗어내던 감나무.
나는 왈칵,
두 손으로 얼굴을 감싸고 말았어

꽃받침 치마 봄날에 너울대다
사라진 초록 열매의 꿈들
탐스러운 홍시를 맺기까지
떨어진 열매는 또 얼마나 아팠을까?

그렇게 다시 살아나
몇 해를 보내더니
얇은 피부 속 달콤한 햇살을 녹여
감이 열 개, 다음 해에 스물한 개의
주홍빛 미소를 달았다

올해는 이른 월동 준비,
너에게 이불자락 덮어준다
그렇게 우리는 온기를 나눈다

저녁이 좋아

지나온 시간을 휘휘 저어버리는
왜가리의 날갯짓이
시원하게 둔치 따라 흐른다

차창 전면 유리에
노을을 달고 달리면
목에 건 진주목걸이 투두둑 끊어져
노을 속으로 통통통통 튀어 오르는
내 마음은 피아노 선율이 있는 애니메이션 버전

어릴 적 논두렁을 건너 저녁밥을 향해 달려가는 아이처럼
퇴근의 자유란
이런 거지 이런 거!

어슴푸레 채색된 어둠이
골목길에 담기면
우리 집 강아지 쿵쿵 찌개 냄새 따라 걷고
진주구슬 빛 집이 노을 타는 냄새와 섞이는
이러한 저녁이 나는, 나는 좋아

건조
—옻칠 작업을 하며

햇살이
당도하는 아침까지
밤새 습기를 비틀어 너를 말려 주리라
티끌이 엉겨 붙지 않도록
부정한 생각일랑 행여 들지 않도록

칠 살에 올려진 얘기가
또 삶이 될지니
어제는 오늘이 되어
굳어라
굳어라

줄음질
―옻칠 작업을 하며

슬겅슬겅
톱 소리만 들어도 어디로 가는지 알 수 있지요
어느 바다가 고향이었을 자개를
다시 물빛에 담그는 일.

힘도 내려놓고
마음도 내려놓고
정성만 손끝에 달아놓고
슬겅슬겅

가는 길 부디 안녕하시길
잡념이 톱 줄을 타며
아슬아슬

사포질
―옻칠 작업을 하며

어김없이 칠(漆)을 접촉하는 날이면
붉은 반점 부풀어 올랐다
긁어도 긁어도 잡히지 않는 가려움을
밤새워 사포로 갈아
옆자리에 재우면
먼 산의 어둠 가루로 날아가
그리움 매끈한 속살을
아침처럼 드러냈지

거칠어도 괜찮아
티끌이 있어도 괜찮아
한자리 갈아 줄 손길만 있다면

사는 일이
고맙게
매번 갈아지는 일이지

남편

가을처럼 남편이 왔다

여미지 못한 옷섶 사이로 들어와
늘어진 코골이만큼 살아진 생활들이
얇은 잠을 자고 있었다

티비 소리가 머리맡을 돌고 돌아
마른 낙엽처럼 바스락 바스락
소리 없는 집을 채우는 새벽

고양이처럼 눈 뜬 밤들
생선 뼈 같은 침대 위에 웅크려 누워
졸린 눈의 무게만큼
서로를 지탱했던 게야

만추(滿秋)의 냉기가 몰려오는 밤
스무 해 함께한 연정과
앞으로 살아갈 온정에게
들숨 날숨 다독다독
자장가를 불러 주리라

자장자장 네가 나였구나
자장자장 내가 너였구나

지나간 비는 기억하지 않는다

기억은 갑자기 비처럼 쏟아진다

희방사 앞마당에 놓인 엉켜진 비의 적막

희방폭포 물살을 거슬러 자꾸만 솟구쳐 오르는 후회

고즈넉해지는 시간이면 반성할 무언가를 찾아야 할 것 같은 의무

내 안의 작은 티끌들을 모아
두 손 모아 머리를 조아리는 밤
산사에
망초꽃 무더기
이 폭우와 폭포 앞에서
작은 꽃잎 하나 흩트리지 않고
저리 꼿꼿하게 서서는
지나간 비는 너를 기억하지 않는다 한다

IV

기억의 선명도

맞잡은 손이 시릴까
주머니 속에 넣고 보듬던 당신.
식상하다고요?
다들 식상한 신파 연애담 정도는 가지고 사는 거 아니에요?
추위가 강해질수록
그날 같이 걷던 기억이 단단해져요

I won't give up

눈송이가 모든 화면을 잠식하는
하얗게 숨 막히는 설날
막힌 고속도로 위에 나는 있다

'듣고 힘내' 너의 목소리를 따라
라디오에서 노래가 나온다
너는 아직 톡방에 살아있음으로
이는 너의 진행형이다

'눈이 많이 와' 문자를 톡톡거리다가
흐르는 너를 보았지
차창에 이마를 대고 너를 바라보다
하얀 풍경 사진을 찍는다

나는 다리가 푹푹 빠지는 하얀 눈길을 가다가
검은 물길을 만나 까마득히 너를 또 잃어버린다
너의 깊이를, 너의 둘레를
네게 가는 와이파이를 찾지 못하고

오늘은 살아있는 자들의 의식
기다란 도로 위에
차량을 일렬로 세우는 것으로
나도 살고 있음을 거행하는 날

네가 그립다
여기가 지옥이고 거기가 천국이어도
지금 여기 함께하면 얼마나 좋을까

―나의 친구 DJ―

'석일공예 목공소'에서

백골(白骨)을 구하러 칠우(漆友)들과 나선 길
방방곡곡 사연 있는 나무들
어느 숲에선 하늘 향해 푸른 두 팔 벌리고 살았을,
잘나가던 이야기 수런수런 쌓여있는 그 속에 섰다
이제는 잔가지 일상들을 떨구고 누워서
고해성사하듯 풀어내는 말 많은 톱밥들
살아온 사연들이 수북하다

목향에 가슴이 반짝인다
나는 전생에
저 향 어디쯤 머물다 온 건 아닐까

말리기 힘들다는 참나무를
자연 빛에 말려 보려는
목공소 안주인의 나무 사랑을 느끼며
눈에 띈 소반 하나 정겹게 마주했다
네 목숨값 아깝지 않게
나는 어떤 사랑을 꿈꾸면 될까
뽀오얀 속살 갖춰진 모양새에
삼베옷을 입히고 옻칠 엉킨 시간을 보듬으면
나무는 자라온 세월을 간직하고 새 삶을 품을 거야

돌아오는 길
나도 상념의 잔가지들을 떨구고
소반, 너와 함께 새 시간을 품기로 한다

겨울 마중

마음 밭에 억새풀 빼곡히 자라나
온몸을 흔들며 둑 위에 서 있었다
네가 오는지, 멈춰 섰는지, 돌아선 것인지
쉬이이 쉿!
모든 게 비밀이라고 바람이 그랬다

감나무 불그레 잎이
미끄러져 들어와
불그레 발그레 물든 가슴에
발끝을 담그는 저녁
냉가슴 전신주는
가냘픈 화음으로 어둠을 어루만지고

마음 밭 억새풀에 불을 놓아
뜨거운 인사를 나누고 싶어
한 줌의 재가 되어
눈발처럼 날려도 좋을 일인데
아궁이에서 타다 온
깻단 같은 모습으로
오늘도 너더리길
둑 위에 서 있네

조만간 나는
화르르르
사라질 것 같아
어서 네가 왔으면 좋겠다.

미리보기

새해는 왔는데
아직 설이 지나지 않아
몸은 새해를 살고 있으나
마음은 아직 새로운 시간에 적응하지 못하는 때

지나온 길은 만삭으로 부풀어 오르고
산란하지 못한 희망은
새해 다이어리에 고딕체로
또박또박 박힌 채

퍼득퍼득 지느러미 흔들며 서 있는
1월과 2월 사이

웃는다 찰칵!

미륵불이 웃는다
마음까지 투영되는 겨울 햇살
사람들은 두 손 합장하고 부처 앞에서
잠시 멈춘다 그리고
깊은숨 들이마시고 엑스레이를 찍는다
어떤 속내를 보이는 것이기에
미륵불이 웃는 것일까?

바닥의 솔잎은 움트는 새싹을 막지 못하고
웃음은 숨지 못하고 입가 언저리에 돈다

미륵불 앞에서 나도 웃는다
명주실 튕겨지듯 고운 미소로
현재와 과거를 이어주는
내가 선 이 자리
어느 비구니가 두 발 모아 섰던 자리일까?

바라보는 미륵불 앞에서 사진을 찍는다.
찬칵! 찬나의 순간에
나는 옛 누군가의 속내를 만난다.
웃는다

시인을 위한 시

부쩍
당신을 생각하는 시간이 늘었습니다

어떻게 그렇게
가만히 웅크릴 생각을 하셨나요?
어차피 살아간다는 건 그러지 않아도
혼자 굳어가는 것이 아닐까요?

제가 아는 한 당신과
제일 잘 어울리는 단어를 찾고 떠나셨네요
희멀건 미음 같은 당신 얼굴을 생각하며
시 한 구절을 읽으면
죽죽 소리 없는 비가 내려요
빗속을 작은 참새 한 마리가 날아요
빗소리를 듣다가 참새 날갯짓을 보다가
꽃과 나무와 바람과 술
당신이 좋아하는 것들이 비에 젖어
모두 다 날아다니는 것 같아요

차마 다 읽지 못하고
조용히 책장을 펼쳐 두어요
시집을 펼쳐 두는 것으로
늦었지만 당신과 함께하는 거예요
이 속에서는 혼자 굳어가지 마세요
외로워 마세요
항상 시집을 펼쳐 둘게요

기억의 선명도

추위가 강해질수록 기억이 선명해진다고요
내 기억 속 그날이 그래요
'라일락꽃이 피는 계절 오면 우리 두 손을 마주 잡고 걸어요'
노래하는 당신은 추위 속에 살아요

맞잡은 손이 시릴까
주머니 속에 넣고 보듬던 당신
식상하다고요?
다들 식상한 신파 연애담 정도는 가지고 사는 거 아니에요?
추위가 강해질수록
그날 같이 걷던 기억이 단단해져요

내 심장이 멈추는 날
한파가 몰려와
모든 기억이 결빙되었으면 좋겠어요

얼음처럼 단단하고 반짝이는 기억을 가져간다면
이처럼 유치하고 완벽한 사랑이 또 어디 있을까요

목디스크

지나간 어느 날이
하소연을 하는 건지
추억의 혈관 막고 손끝으로 저려오나
무방비
툭 튀어나온
딱딱한 경추 2번

손가락 마디 따라 맞춰보는 시간들
아픔은 넘이었나 더듬는 겨울밤에

오롯이
만져지는 건
살점 없는 기억들

옛 생각 창가 위에
하얀 달로 떠오르면
추억은 밤안개로 내 마음 덮어오고
바람에
부대끼다 지친
속절없는 나잇값

노안

어느 날
내 앞에 아무것도 존재하지 않는 순간이 오리란 걸
어렴풋이
헤아리는 순간
나는 어쩌면 가냘픈 하루살이

희멀건 눈동자, 내 머리통만 한 눈꺼풀을 껌벅이며
무한의 잠 속으로 미끄러지는.
눈을 크게 떠봐
내일은 없어

우리는 모두 한 줄로 서서
어디론가 걸어가며
순서대로
읽다와 못 읽다, 보인다 안 보인다를 반복하고 있다
내게서 흐려지는 것이 어디 글자뿐일까?
입은 쉬지도 않고 중얼거리면서.
무슨 말인지도 모르게 발음한 지는 오래

5○의 찬 기운에 아직은 점심나절이라 견딜만하다고
애써 날개를 떨며
웃어 보이는

겨울 판화

출퇴근 운전 길
할아버지 한 분
걸음을 절뚝이며 리어카를 끄셨지
박스가 많은 날은 많아서
박스가 적은 날은 적어서
내 마음
아스팔트에 달라붙은 껌만큼이나 조악했지

할아버지
인근 복지시설로 가시면 안 될까요?
당신의 박스 무게를 가늠하느라
지나가는 눈빛들이
흔들흔들 분주해요

내 언어의 길이는
허공에 매달린 간판만 하고
내 마음의 깊이는
길 웅덩이 살얼음 같다

평창 동계올림픽이 시작하는 날
추위와 함께 폭설이 내렸다
세상은 축제로 하얗게 덮이고
폭죽이 밝게 터졌지만
나는 하나도 빛나지 않았다
내 마음 하루 종일
할아버지 보폭으로
절뚝이며 걸었다

손길

참새, 포르르르 날아들자
강가의 풀들이 다정히 어루만지네
눈길도 발길도 멈춰 선 산책길

잠시 벤치에 앉아 두 눈을 감았어
나도
누군가 내 머리 위에 손을 얹고
그저 저렇게, 포근히
쓰다듬어 주었으면 좋겠다고 생각했었지
그러다
마음이 갈대처럼 앙상해져
나를 위로하는 건 결국 나밖에 없다고
중얼거리는데

누군가 옆에 있는 것 같아 눈을 뜨니
가을 햇살이
내 머리를
쓰다듬고 있었어

폭설

어제는 폭설이 내렸다.
수분을 먹은 눈이 내렸으니
어느 숲에선 가지깨나 부러졌겠다.

슬픔은 하염없이 내리는 눈.
눈치채지 못하게
쌓이고 쌓인 후에야
무게를 알게 한다

산간 지방이 폭설로 고립되었다는데
뉴스를 보던 어떤 이는
그제야
자신의 슬픔을 가늠하며
마음깨나 부러졌겠다.

겨울, 이포보에서

겨울 강, 울음을 운다.
얼마나 깊은 수심에서
가슴을 치며 올라오는 것인지 그 소리로는 가늠할 수가 없다.
쩡! 한 번의 울음에
결빙된 강 위 길고 가느다란 상처가 난다.

미안하다
미안하다
남한강변길
발목이 부서져라 종일 걸어도
내 몸에 생채기 하나 생기지 않고

쩌엉… 쩡!
그대 제 몸을 긋는 소리가
앙상한 나뭇가지 위 노을로 걸리는 저녁
아프지 마라
아프지 마라

이포보에서 내려다보면
추억은 얼지도 않고 흘러가
강, 깊고 깊은 물길 속
그의 심장을 건드리는 게 보인다.

왜 그토록 수달을 찾아 헤맸을까?

원주천 위쪽에 서식하는 수달은
겨울이면,
얼음 위에 올라서서 물어온 고기를 먹기도 하고
빠르게 물살을 가르며 헤엄치다가
순식간에 사라져버렸다

매일 밤 어둠을 밟아 물가를 걸었다
하룻저녁에 다섯 마리를 본 날은
어릴 적,
멱 감던 고등어 등짝 같은 몸으로
수달처럼 꿈틀대다 미소로 잠들기도 하였다

별빛과 수달이 젖어 있는 세상
너를 만나면
손바닥을 흔들며 좋아했지
어느 날은
머리만 물 밖에 내놓고
검정콩 눈으로 나를 한참 쳐다보았는데
우리의 눈 맞춤은 낮이면 비밀처럼
윤슬로 빛나곤 했다

원주천 위쪽으로 가면
밤새
구름이 지웠다 달이 그렸다를 반복하는
어른이,
아이가 되어 흘러간다

V

일상의 기적

먹먹하고 아름다운 이들
내 생 어느 수평선에서 또 수직으로 만날 수 있을까요
차오르는 그리움의 배를 일렁일렁 띄우며
깊은숨을 들이쉴 때가 있습니다
깊은숨을 내쉬어 배를 나아가게 할 때가 있습니다

과거를 사랑하는 힘

미역이 푸우우욱 퍼진 게 좋아
당신은 후룩후루룩 미역국을 두 그릇째 먹는다
어머니는 전날부터 미역국을 끓이셨는데
퍼진 미역국이 생일상에 올라왔을 때
참으로 맛있었다며
그때의 추억을 먹는 건지
그때의 어머니 손맛을 찾아 음미하는 것인지
미역으로 끓인 푹 퍼진 미역의 맛 자체를 좋아하는지
미끌렁 잘 잡히지 않는 그 속을 알 길 없지만
미역과 뿌연 국물 사이
진한 과거의 플래시쯤은 숨겨뒀다가
한 숟가락 가득 입 안에 넣을 때마다
환하게 반짝반짝 터트려도 좋을 일

좋아하는 맛이 있다는 것은
과거의 시간을 사랑할 수 있는 힘
지난날의 나와 마주하는 일
후르륵 후르륵 미역이 사라지는 걸 보면서
풍만한 입가로 걸어 나오시는 어머니를 보면서
'당신은 참 미역국을 좋아하네'
국에 간을 맞춘다

유심

휴대폰 유심을 교체하던 날

하나의 꺼진 우주가
다시 생명을 얻는 것을 보았다

유심(有心)

내 머릿속에 새 유심을 꽂아주세요 그러면…
내 마음속에 새 유심을 꽂아주세요 그러면…
내 뼛속에 새 유심을 꽂아주세요 그러면…

절단

의자를 밀치고 일어났지
창가의 후덥한 공기, 주위를 둘러보지만
아무도 없다
무뎌진 커터 칼날과의 일대일 대응
온 힘을 다해 버티는 칼날의 집요함을
온 신경을 곤두세워 마주해야 한다
내 안에서 가장 연한 숨을 모아 손끝으로 보내고
한 치의 어그러짐 없이 단숨에
너를 부러뜨리는 일
그러면서
내 몸 어디에
생채기라도 나면 안 되는 일
이것이 너와 나의 관계

안동산불

의성산불, 안동 풍천면까지 확산된다는 소식에
주민들의 대피 재난문자가 나간 날
학술지 투고본을 수정하다가
문맥의 '확산'을 보고는 화들짝 놀랐다

이 단어를 오늘은 쓰지 말자
전국이 솟구치는 열 기둥에 마음을 앓고 있는데
비라도 내려달라 기우제라도 지내지 못할망정
이런 말 쉬쉬 조심히 닫아버리자

철렁이는 가슴을 쓸어내리며
시커멓게 남은 산의 능선을 바라보는데
화마에 타들어간 내 마음이 거기 있다

골목 모퉁이

골목 모퉁이를 돌기까지
보이지 않는 방향에 대한 기대는 각자의 몫이다

허리를 펴다 굽히다 어슨 걸음의 할머니
딱딱 지팡이 장단에
담벼락 접시꽃이 몸을 흔들고
반대편에 차가오나 살피던 아이들
뜀박질을 하며 까르르륵, 쪼르르륵
골목 모퉁이 안으로 사라져 가네

앞집 꼬마가 자전거 경적을 울려주면
시계 초침에 맞춰
걷고 있는 사람들

오늘 내가 만날 나는
어제와 다른 이면,
공간과 시간의 보이지 않는 이면으로!
오늘도 나는
힘차게 걸어 들어간다

담쟁이

날 닮은 모습인가
온 시선
던져놓고

잎마다 마음 얹어
떠난 널 기다리네

보고파
버티게 하는 힘
내가 아닌
너라는 벽

다시 출산

대구 다녀오는 길은
마음이 미끄러진다

도로 위, 빗방울 떨어지니
시야가 좁아져
더 먹먹해지네

여린 후레지아 꽃 같은
첫아이
가슴에 환하게 스무 해 품어
대구에 떨구고 오는 날

지껑지껑
와이퍼로 걱정을 걷어내도
멈추지 않는 빗줄기

내게서 떨어지기 위해
아이는 태어난 것이 아니었던가?
길러낸 시간만큼
내게로 다시 되돌아가는 여정

마음이 지껑지껑
다시
산고를 치르는 길

빨강 여름 같은 여자

그녀의 이름은 그냥 '빨갛다'이다
한자를 이리저리 조합해도 그저 '빨갛다'이다
그래서인지 그녀는 붉은 사상에 젖었었고
돌아가는 길 없이 늘 정면으로만 걸었다
빨간 립스틱이 잘 어울리는
그녀가 말하면 여름이 쏟아진다

그녀의 입속 한 편에서 빨강 방울토마토가 동글동글 매달리고
시원한 바람이 불어와
진초록 잎들 살랑살랑 흔들린다
나이가 들수록 자기 자신이 매우 만족스럽다는 그녀의 입에서
불안한 20대와 이루어야 할 게 많았던 30대의 바다를 헤엄치던 물고기가
툭툭 튀어나와 파닥인다

얼마나 싱그러운 역사인가!
그녀의 옆에 서면 물방울 툭툭 튀어
아아~ 시원해!
나도 모르게 빨간 신음을 낸다

생각이 깊어져서

엄마,
퇴근길 밤하늘을 쳐다보았을 때
내 속눈썹을 쓰다듬고 간 그 실바람
더 깊어지지 말라고
이 우물에서 퍼 올릴 것은 없다고
어기적거리는 어둠 따라 누울 때
부드러운 달빛으로 위로하고
내 방에 촛불 후~ 끄고 가셨지
더 늦기 전에 오라는 엄마
나는 집에 가기 위해
잊었던 단어를 기억해 내야 한다고
쭈뼛쭈뼛 며칠 신경이 곤두서더니
이내 몸살이 왔다
엄마, 엄마

일상의 기적

바다만 보아도 가슴이 일렁일렁 차오를 때가 있습니다
따뜻한 바람을 만나면 그때 장면 속으로
또르르르 마음이 멍석처럼 풀어질 때가 있습니다.

바람 한 점입니다
빛깔 한 점이었습니다
우리 여행이 강렬했던 것도 아니었는데
여객선 위 평범한 사람들이었습니다
어느 순간 아무것에나 흔들리는 나를 만납니다

그럴 때면 내 마음이 나를 떠나 너에게로
너를 떠나 우리에게로 달려갑니다
수루에서 연결된 하늘빛 바다가
가슴속 차올라
삼삼오오 줄지어 거닐던 제승당 길가를 감싸고
상수리나무 잎이 대신 울먹울먹 소리를 내주며
추억의 이야기를 속삭입니다
지금은 어떤 이들의 발소리로 채워지고 있을까요?

먹먹하고 아름다운 이들
내 생 어느 수평선에서 또 수직으로 만날 수 있을까요
차오르는 그리움의 배를 일렁일렁 띄우며
깊은숨을 들이쉴 때가 있습니다
깊은숨을 내쉬어 배를 나아가게 할 때가 있습니다

이것이야말로 일상의 아름다운 기적이 아닐까요?
오래도록 기억된다는 것이요

평론

시와 일상의 미적 조화

최연수(평론가)

〈평론〉

시와 일상의 미적 조화

최연수(평론가)

 생동감 있고 따스한 느낌의 시에 열광하는 것은, 현실이 각박해서라기보다는 시인 자신의 각이 없는 일상에 동참하고 있기 때문이다. 이는 시인의 시가 독자와 시적 공감을 이루고 있다는 말이기도 하다. 박서현 시인의 시는 기쁨과 안위, 슬픔과 애달픔, 동정과 안쓰러움 등 다양한 정서에 고루 동화되게 만든다. 장황하지 않은 시, 거창한 주제를 가져야 한다는 강박도 필요치 않은 시를 쓰는 시인. 보이는 사물과 풍경을 시인만의 심안으로 찾아 시인만의 보법으로 시적 미학에 접근한다. 그 미학을 위해 무던히 고민하는 박서현 시인의 시세계를 들여다보자.

1. 시적 계절에서 오는 생동감

 처음부터 시와 일상이 조화를 이루지는 않는다. 그러나 일상과 시는 부조화 속에서 갈등하고 고민하면서 마침내 조화를 이루어간다. 결국 시인 주변의 일상으로 돌아오는 원점의 회귀에서 좀 더 차원 높은 시적 의미를 얻어내는 것이다. 그 과정에서 얻어지는 시적 생동감은 끊임없이 새로운 것을 찾는 시적 태도에서 비롯되는데, 박서현의 시는 생동감이 원천이다. '봄'을 소재로 한 시들에서 특징이 두드러진다.

  티벳에서처럼
  차마고도에 이르기 위해 두 손 모아 땅에 낮게 절하고
  생각과 몸과 말을 부처님께 바쳐서 다시 태어날 수만 있다면

  나는 둔치,
  이 꽃무더기 아래 납작 엎드려 순례의 길에 들겠다

  벚꽃잎 눈처럼 내려
  마음이 그 겨울 한복판에 서니
  모든 장면은 수묵화처럼 한 폭에 들어가고
  지나가던 물오리
  짧은 목으로 뒤를 돌아보는 이 순간,
  이 순간이 멋겠다

  한 줄기 햇살의 장난
  다시 봄
  ―「다시 봄」 전문

화자에게 있어 기적은 다시 태어난 봄이다. 이름하여 '다시 봄'. 이 봄을 맞이하기 위하여 화자는 "납작 엎드려 순례의 길"에 든다. '둔치'는 화자의 현재 위치가 투영된 시적 장소, 시인과의 동일시다. "순례의 길"은 번듯하게 가는 길이 아닌 고행의 길, "두 손 모아 땅에 낮게 절하"는 수행자의 길이기도 하다.

유년은 "추억"이다. 또한 "봄"이다. 생의 걸음마다 기억이 묻지만 유년만큼 호기심 많은 시절은 없을 것이다. 이는 때 묻지 않은 순수한 눈으로 바라봤던 풍경과 그것에 닿은 동심이 오래도록 각인되기 때문이다. "제비꽃에서 오는 추억은 유년의 작은 동심, 그러나 전 우주 같은 크기다."(「다시 봄」) "나는 너이고 싶다"는 고백에서 보듯 산수유를 대하는 솔직하고 밝은 마음도 그렇다.(「산수유 꽃망울 터지듯」)

  겨우내
  수분 잃는 잔디들
  강변에 누워있을 때
  말없이 물가를 향해
  제일 먼저 가지를 일으키는 버드나무

  여들여들 연두 살빛 손목을 들어 올리며
  보일까말까 한 새색시 웃음

하늘거리는 춤사위와 섞이면
겨우내 얼어있던 온 우주가
사르르 어깨를 푸는 2월

꽃이 흐드러지는 봄
초록이 싱그러운 봄도 좋지만
내 마음 설레는 건
네가 봄이기 때문이 아니라
봄이고 싶어 하는 마음을 발견할 때이다
―「나를 설레게 하는 연두」 전문

"연두"는 "새색시 웃음" 같은 여림과 수줍음이다. 아직 봄에 닿기 전 설렘으로 반기는 "2월" 같은 색, "봄이고 싶어 하는 마음"이다. 시인에게 봄은 꿈이다. 그리하여 "목련"의 봉오리는 시인의 맺힌 꿈, 만개한 꽃은 꿈의 만개다. 그러나 꿈은 곧 시들어 검은 "꽃멍"이(「목련」) 된다. 하지만 좌절하거나 슬플 필요는 없다. 봄이 다시 오듯 또 다른 꿈이 맺히고 필 테니 말이다. 그 봄은 시 「아침을 위한 낭송」「보문사의 봄」으로 이어지는데, "새떼"가 "분주하게 하늘로 나르고 있"는 것, 그것은 봄에 대한 기대, 고대하는 봄의 마음일 것이다. 그리하여 "연두야" 하고 반기는 것이다. "언듯빛" "봄비"로 오는 설렘이다.

이거였어
개나리 목련 벚꽃이 다 피도록
젖을 모으는 어미처럼 기다린 것은
황록색 작은 꽃을 피우기 위해
조금 늦더라도

꽃이삭, 잎겨드랑이에서 살을 뚫고 나오며
몸이 얼마나 끙끙대는지는 누가 또 알아주겠어
누가 신경이나 쓰겠어
가을 열매와 잎이 빨갛게 익을 때에야
참으로 요상하게 이쁘다 던져지는 눈길들.

아무렇지도 않아
그렇게 그렇게
순리로 사는 거지
조금 늦게까지 버티어내는 거지
화살나무
—「화살나무」 부분

봄은 계절상의 봄만을 의미하지 않는다. 목숨 있는 것들이 제 온 힘을 모아 뿜어내는 빛깔이다. 그것이 생의 빛깔인지도 모른다. "조금 늦더라도" "빨갛게" 피워낸 것, 인생도 그렇게 순리로 사는 거라고 "조금 늦게까지 버티어내는 거"라고 "화살나무"를 차용해 화자는 자신을 다독인다.

창조성이라는 명목 아래 맹목적으로 추구하는 감각주의는 쉽게 무너진다. 그렇다고 일관된 의미만을 도출할 이유도 없다. 박서현의 시는 자신의 시적 세계에서 대상을 자연스럽게 공유, 다른 의미를 내보낸다.

2. 시적 균형감각과 새로움의 추구

박서현의 시는 지극히 일상적이면서 또한 존재론적이라 할 수 있다. 이는 시적 소재가 시인의 일상과 주변이지만, 한편 일상성을 벗어나 높은 정신적 의미에 닿고자 노력을 기울이고 있다는 뜻이다. 종교적 경건성 혹은 정직성에 근거, 시인의 현재의 삶에 충실하고자 한다. 다시 말해 일상의 운행 질서를 따르되 그 속의 의미 전달을 시도하고 있다는 뜻이다. 일상을 벗어남이 아니라 흔한 일상의 소재라 하더라도 새롭게 표현하는 시적 방식을 추구한다. 이를 위해 시인은 일상이나 그 주변을 달리 보는 시각을 가지려 한다. 감당하는 안정감 그리고 균형감각과 더불어 새로움을 추구하는 표현이자 시적 떨림의 추구라 하겠다.

이런 시적 태도가 시의 경건성을 가져온다. 이런 태도는 본인이 살아내는 삶, 타인이 살아내는 삶이 어느 누구와도 견줄 수 없는 절대적이라는 것에 주목한다. 나름 개인적인 것에서 출발하지만 마침내 가 닿은 곳은 시적 대상의 존재 근원이기 때문이다.

하늘과 맞닿은 능선 옆에
몇백 년을 버틴 나무집이라니,
나무는 죽어서 풍채로 남고
하얀 살내 은은히
향기로 남았다

범종루 꿈인 듯
계단을 오르면
바람은 두 팔을 들어
내 등을 토닥이고
햇살
여기서는 느끼고, 듣고, 맡으라
눈은 정작
반만 뜨라 하네

바람아!
햇살아!
수만의 거란군을 맞아
온몸 화살을 맞은 양규 장군처럼
영겁의 시간 속
수백만의 햇살을 받고 장렬히
전사하고 싶다.
부석사 무량수전 앞에서
—「부석사에서」 전문

"나무는 죽어서 풍채로 남고/ 하얀 살내 은은히/ 향기로 남았다"고 한다. 보이는 것 너머의 의미 혹은 본질은 "느끼고, 듣고, 맡"아야 아는 것, 그것은 존재 너머를 알아가는 시적 과정 혹은 삶의 과정일 것이다.

시인은 시적 본연의 목적을 추구하고자 한다. 시적 풍경 속에서도 은밀하게 자신의 의도를 숨길 줄 안다. 하지만 그 과정은 억지스럽지 않고 부드럽다. 존재 의미를 과장하거나 현란하게 드러내지 않는다. 상상과 연결된 시적 비유를 거치고 시적 진경 속에서 시적 의미를 드러낸다. 감정배제로 장식적 수사를 걷어내면서도 감정의 물기를 덧입힌다. 이는 물질적인 것에서 정신적인 것으로, 보이는 것에서 보이지 않는 것을 찾아내는 시적 노력이 있기에 가능하다.

바람 한 점 없는 삶이 어디 있을까?

옥수수 대궁만큼 뻣뻣한 고집으로
짓지 말라는 농사를 해마다 시작하는 팔순의 노모
오늘도 키 큰 옥수수 고랑 사이로 들어가신다

고랑 고랑에는
거둬들일 것 많은 여문 세월이 있다
옥수수 잎에 손등이 베이는 줄도 모르고

후덥한 열기 속에 두 팔 뻗어 끌어당기면
비로소 채워지는 하루의 무게

자루를 끌고 어머니가 나오신다
어릴 적, 옥수수를 팔아서
내 초록색 원피스를 사 들고 오시는 어머니가 나오신다
초록 원피스를 입고 뱅글뱅글 돌던 내 모습처럼
동그랗게 앉아서 나를 바라보는 저 산 위에서
바람은 초록 치맛단을 살포시 끌고 와서는
추억의 지문을 찍고 사라진다

나를 발견한 노모가
환하게 웃는다
노모의 입가에 나는
시원한 바람이 된다
—「바람」 전문

 '바람'은 인생사 곳곳의 굴곡이다. 그리하여 "바람 한 점 없는 삶이 있을까", 화자는 반문한다. 그러나 부정적 의미의 그 바람이 노모가 바라보는 화자에게로 옮겨오면 의미가 달라진다. 긍정의 바람, "시원한 바람"이 되는 것이다.
 사물을 달리 바라보는 화자의 시각, 긍정의 시선으로 인하여 이팝나무는 "오월의 하얀 춤" "흔들리지만 흩어지지 않는 자유"로 재탄생한다.(「자유」)

"막국수 같은 인생"이란다. 막국수 한 그릇에 깃든 깨달음이다. "늘어진 면발을 삭둑 가위로 잘라 먹던 철없던 20대와 같은 맛" "이끌리는 대로 마구 먹던 쫀득한 30대 재미지는 맛" "밍밍하게 먹고 나서야 그 맛이 참 맛있다고 말하는 40대와 같은 맛". 현재 화자는 "천천히 먹을걸" "아쉽기만 한" 중년의 맛이다. 앞으로 맞을 미래는 어떤 맛으로 음미 될 것인가. 상황에 따라 시시각각 달라지는 오묘한 시의 맛, 인생의 맛이 아닌가.(「막국수」)

    어둠이 묻어 쏟아질 때면
    시커먼 웅덩이 따라서 패였다
    간혹, 선선한 바람
    젖은 나를 말려주곤 했지만
    나는 충분히 바삭거리지 못했다
    쿵쿵
    바람 불어도, 빗물 내려도
    쿵쿵
    하루에도 몇 번씩 속을 적시는
    이 깊은 장마
    ―「장마」 부분

"어둠이 묻어 쏟아질 때면/ 시커먼 웅덩이 따라서 패였다"고 화자는 말한다. 장마철의 자연현상이지만 인생의 장마철, 우기 깃든 때가 어디 한두 번인가. 장마철에 패인 "시커먼 웅덩이"는 화자의 내면이라고 할 수 있다. "이 깊은 장마"는 "쿵쿵" 소리로 징후를 알린다. "바람"과 "빗물"을 동반한 장마는 화자의 '우울'이다. 다시 말해 내면의 "어둠"이다. 그러나 언제까지 지속되지 않을 터, 그 치유의 과정은 "깨어 있는 것" "시를 쓸 수 있"는 것이다.(「나에게」)

시 「오디의 밤」에서 보듯 화자는 소망한다. "당신과 내가 서로의 얼굴을 쳐다보고/ 하루의 가지 끝에 대롱대롱 매달려/ 까르르륵/ 배꼽을 잡고 웃었으면 좋겠어/ 구겨진 시간들 잔 높이 들어/ 서로 같이 얼굴빛 좋게 펴졌으면 좋겠어"라고. "너무 아픈 사랑은 사랑이 아니었다고 흔들"리면서.(「방울토마토 사랑」)

시적 대상을 접해 자신을 풀어내고 그것을 누군가 짚어내는 일, 그것은 얼마나 숭고한 작업인가. 시인과 시적 자아의 편에서 정확하게 읽어내려 하면 할수록 저만치 달아나는 시적 의미를 잡아 오는 것에 어려움을 겪곤 한다. 그것에 도전하고 능숙히 그 과업을 수행하는 박서현 시인의 특별함이 보인다.

3. 소환한 기억의 시적 효과

느슨해지거나 안주하는 일상이기보다는 정신적 엄격을 보태는 시, 그것의 저편에는 시인만이 소환하는 기억이 있다. 과거로 들어간 시인의 객관적 관점을 연결하면 기억은 현재를 유지하는 힘이 된다. 완전히 지우지 못한 과거의

흔적이라기보다는 현재의 위치에서 바라본 재구성된 과거가 현재 자신의 동일성을 확보하는 중요한 역할을 한다. 과거는 일시적 순간이지만 그 순간에 담겨 있는 영원성이 의미를 부여하기 때문이다. 치명적인 아름다움 혹은 내재된 슬픔이 간혹 영원성을 갖지 못한 이유는 생이 유한하듯 의미도 유한하다고 믿는 까닭이다.

 삶을 둘러싸고 있는 번잡은 하찮은 번민과 갈등일 수 있다. 그것을 심중에서 가지를 치고 걸러내는 정제와 순화의 과정을 거치고 거기에 구체적 경험이 더해질 때 비로소 시적 아름다움이 드러난다. 화자는 고요 속에 살아있음의 심미적 떨림을 피운다. 그것은 어쩌면 "허기의 허방을 건너가는 시간"(「너에게 가는 시간」)일지도 모른다. 그러면서도 "물들어 떨어지는 빛이 어디 단풍뿐"이겠냐고(「단풍」) 정서를 환기한다. "바삐 걸어도 이 계절엔 같이 할 수 없는 여정/ 바라보다 바라보다 당신 빛 물들어 떨어지는 나는/ 아직도 지난겨울 하얀 눈발"이지만 "물들어 깊어지는 빛" 그리하여 "떨어지는 빛"인 치명적 아름다움 혹은 극단의 서러움일지라도, 기억의 정제와 순화를 거친 시적 미학으로 다가가는 것이다.

 세상의 웃음은 헤프고 또 쓰다

 저리
 사랑하지도 않는 웃음

섞어 내리면
낯선 장면 앞에서
잠깐의 놀람과 정적, 그리고
추르륵 흘러내리는 안도감을 따라
둥그렇게 불쑥 들어서는 침묵

도대체 그 많은 웃음을 어디다 팔아치운 건지
줄을 서도 돌아오지 않는 순서
누구에게 소진되었다는 건지
도대체 누구에게 웃어주고 있는 거지?

이곳의 종이컵들은 왜들
뜨겁게 불안하게 웃는 건지
―「커피 머신」 전문

"종이컵"을 바라보며 헤픈 사랑과 쓰디쓴 기억을 소환하는 화자. 소진된 과거가 마치 한 번 쓰고 폐기한 종이컵 같다는 생각을 한다. 화자 자신의 기억일 수도 있고 우리네 삶의 아픈 기억일 수도 있다. 쓸쓸함 혹은 비애를 차용, 뜨거운 인생살이를 되돌아보게 한다. 불안한 현대에 대한 객관적 통찰이다. 사물에 빗댄 인간 정서 속에서 그것 이상의 의미를 가지고자 함이다. 이는 "목적지에 가는 버스에 올라도/ 정류장에 오래도록 남아/ 비를 맞고 서 있는 마음"(「자책」)과도 그 정서가 닿아 있다.

저기,
앞산의 무릎을 지나
하얗게 달려오는 빗소리
머나먼 계절을 넘보다
화들짝 놀란 가슴이
집 안으로 빗물을 모은다

계절의 경계엔 항상 비가 내린다
봄비를 가두고
장마를 부르고
주룩주룩 모으고
드르르륵 닫아
문지방을 밟아 오는 것이다

사람도 계절과 같아서
한 사람을 보낼 때
그 경계에 비를 내려
울고 울고 운다
―「계절의 경계엔 항상 비가 내린다」 부분

 위의 시는 물론, 시 「자책」 「지나간 비는 기억하지 않는다」 등 박서현의 시에서 빈번하게 출현하는 '비'는 화자의 내면 상태를 의미한다. 앞서 말했듯, 이는 화자의 우울한 정서에 닿아서 "오래도록 비를 맞고 서 있는 마음"을 독자는 공유한다. 그 내면의 비는 "너에게 이불자락 덮어"주듯 "온기" 나누는(「우리 집 감나무」) 것으로 치유된다. 그것은 "앞으로 살아갈 온정에게/ 들숨 날숨 다독다독"거리는 일일 것이다.(「남편」)

저편의 시간이 오롯이 걸어 나온 기억의 편린들. 추억은 아름답다. 아니다, 그것은 한 겹 포장을 씌운 아름다운 이미지다. 그러나 추억은, 이미 언급한 것처럼 현재를 말하는 또 다른 이름. 현재 자신이 생각하는 과거는 늘 그 모습 그대로 있을 것 같지만 지금의 정서와 환경 등에 의하여 조금씩 달라진다. 과거를 회상, 소환하는 화자의 정신 작용은 현재와 현실 그리고 미래까지 예견하는 시적 시각을 반영한다.

4. 상처로 상처를 치유하기

단단해진다는 건 상처에 상처를 더해 딱지가 앉았다는 것, 든든하거나 튼튼하다는 의미와 다르다. 단단한 것의 속을 들여다보면 상처가 아물기까지의 고통이 숨겨져 있다. 그만의 고통은 인내를 동반하는데 스스로 상처를 껴안은 채 몸부림치거나 그 상처 속에서 다시 소생하려는 심리적 결단을 품는다. 그리하여 쉽게 포기할 수 없게 만든다.(「I won't give up」)

"산란하지 못한 희망"(「미리보기」)일지라도 붙들어 세우고,

힘부쳐 누군가에게 의지하는 것, 그 누군가는 배우자이거나 어머니거나 친구가 될 수 있다. 그리하여 "내 언어의 길이는/ 허공에 매달린 간판만 하고/ 내 마음의 깊이는/ 바닥에 붙어 있는 살얼음 같다"고 해도(「겨울 판화」) "새 시간을 품기로"하는 것이다.(「석일공예 목공소에서」)

    의자를 밀치고 일어났지
    창가의 후덥한 공기, 주위를 둘러보지만
    아무도 없다
    무뎌진 커터 칼날과의 일대일 대응
    온 힘을 다해 버티는 칼날의 집요함을
    온 신경을 곤두세워 마주해야 한다
    내 안에서 가장 연한 숨을 모아 손끝으로 보내고
    한 치의 어그러짐 없이 단숨에
    너를 부러뜨리는 일
    그러면서
    내 몸 어디에
    생채기라도 나면 안 되는 일
    이것이 너와 나의 관계.
    ―「절단」 전문

"내 안에서 가장 연한 숨을 모아" "부러뜨리는 일" 그러면서도 "몸 어디에 생채기라도 나면 안 되는 일"이라 한다, "너와 나의 관계"는. 생채기는 보이는 상처, 내면의 상처는 더해져서 관계와 관계 속에서 아문다.

  시는 감정의 환기물이다. 삶과 죽음의 문제는 물론 애정과 증오, 희망과 절망 등의 정서적 감정을 환기한다. 그 과정에서 만난 넘어지고 주저앉은 것들의 손을 잡아주거나 일으켜 세운다. 또한 상처를 치유토록 감정을 공유한다. 아프고 흠집이 난 것들, 거칠고 모가 난 것들까지도 수용, 대상의 표면에 드리운 아름다움이 아닌 내적 아름다움, 일상을 넘어선 이상적 아름다움, 처연한 아름다움을 만든다. 시는 고체화하거나 구형화한 실체의 어떤 것이라기보다는 유동하고 끝없이 변화한다는 점에서 볼 때 박서현의 시는 그 과정과 일치한다.

  바다만 보아도 가슴이 일렁일렁 차오를 때가 있습니다
  따뜻한 바람을 만나면 그때 장면 속으로
  또르르르 마음이 멍석처럼 풀어질 때가 있습니다.

  바람 한 점입니다
  빛깔 한 점이었습니다
  우리 여행이 강렬했던 것도 아니었는데
  여객선 위 평범한 사람들이었습니다
  어느 순간 아무것에나 흔들리는 나를 만납니다

  그럴 때면 내 마음이 나를 떠나 너에게로

너를 떠나 우리에게로 달려갑니다
수루에서 연결된 하늘빛 바다가
가슴속 차올라
삼삼오오 줄지어 거닐던 제승당 길가를 감싸고
상수리나무 잎이 대신 울먹울먹 소리를 내주며
추억의 이야기를 속삭입니다.
지금은 어떤 이들의 발소리로 채워지고 있을까요?

먹먹하고 아름다운 이들
내 생 어느 수평선에서 또 수직으로 만날 수 있을까요
차오르는 그리움의 배를 일렁일렁 띄우며
깊은숨을 들이쉴 때가 있습니다
깊은숨을 내쉬어 배를 나아가게 할 때가 있습니다

이것이야말로 일상의 아름다운 기적이 아닐까요?
오래도록 기억된다는 것이요
─「일상의 기적」 전문

"아무것에나 흔들리는 나를 만납니다"라고 고백하는 화자. 우리는 살면서 이런 경험을 얼마나 많이 하는가. 화자도 예외는 아니어서 수없이 고민하고 흔들린다. 물질적인 것과 정신석인 것이 구분되지 않을 만큼 혼잡한 현실에서 꿋꿋하게 앞으로만 갈 수 있을 수 있을까. "일렁일렁" "또르르르" 마음이 차오르거나 풀어지는 것. "평범한 사람들"

이 겪는 것 느끼는 것은 아마 비슷한 정서의 공유일지도 모른다. "그럴 때면 내 마음이 나를 떠나 너에게로/ 너를 떠나 우리에게로 달려갑니다"라고 화자는 말한다. '나 → 너 → 우리'로 모이는 감정의 공유다. 그것에서 '일상의 기적'은 시작되는 것, '아름다운 기적'이 일어나는 것이리라.

박서현에게 시는, 정서적 총체이자 복합적인 인간사다. 화자에게 다가선 시는 자연 혹은 대상 위에 놓인 내면 의식이다. 그에게 시는 인간사의 최고 중심, 일상에 밀착해 외롭거나 슬픈 현실을 위무하는 정서적 일체감의 존재라 할 수 있다. 그것을 통하여 화자는 자신을 고백하고 있다.

의미와 표현의 두 영역 사이에서 시인은 어쩔 수 없이 간접화될 수밖에 없는 언어의 한계를 극복해 자유로이 소통하고 사유하며 교감한다. 시인은 언어를 탐색하는 이, 언어를 사유하는 이어서 각자의 개성 속에 어우러진 시적 상상력으로 시적 세계를 유동한다. 그런 이유로 어떤 영역보다 시는 주요한 위치를 선점할 수밖에 없다.

시인의 고백은 외부의 현상과 내면 의식이 접하는 지점에서 도출되는 생의 의미를 섬세하게 끌어낸다. 직관으로 시적 대상을 들여다보되 그 속에서 삶의 의미 내지는 의도, 혹은 삶의 빛을 발견해낸다. 이는 대상에서 삶의 본질을 읽어내는 것, 좀 더 깊은 투시력으로 일상적 소재를 미적 공간으로 형상화하는 것이다. 시적 대상 뒤의 숨은 깊이를 나름의 인식으로 읽어갈 능력을 지닌 시인. 이것이 시적 가치를 결정짓는 요인, 미학의 요인이라는 점에서 박서현 시인의 시는 미덥다.

왜 그토록 수달을 찾아 헤맸을까?

박서현 지음

발행처	도서출판 청어
발행인	이영철
영업	이동호
홍보	천성래
기획	육재섭
편집	이설빈
디자인	이수빈 ǀ 구유림
제작이사	공병한
인쇄	두리터

등록   1999년 5월 3일
  (제321-3210000251001999000063호)

1판 1쇄 발행 2025년 10월 10일

주소   서울특별시 서초구 남부순환로 364길 8—15 동일빌딩 2층
대표전화 02-586-0477
팩시밀리 0303-0942-0478
홈페이지 www.chungeobook.com
E-mail ppi20@hanmail.net

ISBN   979-11-6855-389-7(03810)

본 시집의 구성 및 맞춤법, 띄어쓰기는 작가의 의도에 따랐습니다.
이 책의 저작권은 저자와 도서출판 청어에 있습니다.
무단 전재 및 복제를 금합니다.

강원문화재단 Gangwon Art & Culture Foundation **강원특별자치도**

이 도서는 강원특별자치도, 강원문화재단 후원으로 발간되었습니다.